Waiting For The Sunbeam: Short Stories for Polish Language Learners

Artici Bilingual Books

Published by Artici Bilingual Books, 2024.

WAITING FOR THE SUNBEAM: SHORT STORIES FOR POLISH LANGUAGE LEARNERS

First edition. March 23, 2024.

ISBN: 979-8224509645

Written by Artici Bilingual Books.

Table of Contents

Łyżka szczęścia...1

A Spoonful of Happiness 3

Najszczęśliwszy pianista w Warszawie 5

The Happiest Pianist in Warsaw..................................7

Zapomniane Obietnice 9

Forgotten Promises.. 11

Podróż do Wnętrza Serca 13

Journey to the Heart's Depths................................. 15

Czekając na Promień Słońca.................................... 17

Waiting for the Sunbeam 19

Tęcza 21

The Rainbow... 23

Przez Szkło 25

Through the Glass... 27

Na Drogach Pamięci 29

On the Roads of Memory 31

Tajemniczy sklepik 33

The Mysterious Sweet Shop 35

Tango losu 37

Tango of Fate 39

Dzień, który zmienił wszystko 41

The Day That Changed Everything 43

Księżycowa Melodia.. 45

Moonlit Melody.. 47

Pod Niebem Paryża 49

Under the Parisian Sky.. 51

Nocne Spotkanie... 53

Night Encounter... 55

Przygoda z Niesamowitą Maszyną do Prania...................... 57

The Adventure with the Amazing Washing Machine 59

Łyżka szczęścia

Stary kowboj Janek miał mało potrzeb – konia, butelkę dobrego whisky i widok rozległej prerii. Nie potrzebował wiele, by czuć się szczęśliwym. Pracował na ranczu przez lata, odkąd pamiętał, a każdy dzień spędzony na łonie natury był dla niego jak łyżka słodkiego miodu.

Pewnego dnia, gdy słońce powoli chyliło się ku zachodowi, Janek zauważył coś nietypowego na swojej drodze do domu. W polu stała młoda dziewczyna, trzymając w rękach kawałek starej, zardzewiałej łyżki. Jej twarz wyrażała smutek i zmartwienie.

Janek zatrzymał konia i zsiadł z siodła, zbliżając się do dziewczyny. "Cześć, co cię tu sprowadza?"

Dziewczyna spojrzała na niego z błagalnym wzrokiem. "Straciłam swoją ostatnią łyżkę" – wyznała. "To była ostatnia pamiątka po mojej babci. Nie mogę uwierzyć, że ją zgubiłam."

Janek przyjrzał się łyżce, która wyglądała na starą i znoszoną. Wiedział, że dla dziewczyny musiała mieć ogromną wartość sentymentalną. W końcu pokręcił głową i wyjął ze swojej torby srebrną łyżkę, którą zawsze miał przy sobie na wypadek. "Weź to" – powiedział, podając jej łyżkę. "Mam nadzieję, że ci pomoże odnaleźć trochę szczęścia."

Dziewczyna spojrzała na niego z wdzięcznością w oczach i uśmiechnęła się. "Dziękuję ci, ale co z tobą? Czy nie będziesz potrzebował tej łyżki?"

Janek uśmiechnął się i poklepał swoje siodło. "Ja mam już wystarczająco dużo szczęścia na dzisiaj. Wystarczy mi widok tej cudownej prerii i butelka whisky czekająca na mnie w domu."

Dziewczyna uśmiechnęła się jeszcze szerzej i pożegnała się z Janem, trzymając swoją nową łyżkę ze szczególną troską.

Janek wrócił do swojej chaty, a gdy słońce zachodziło za horyzontem, wylał sobie kieliszek whisky i usiadł na werandzie, patrząc na rozległą prerii.

I gdy wypijał ostatni łyk whisky, poczuł, że jego serce jest pełne, bo dzięki jednej małej łyżce, mógł sprawić, że czyjeś życie stało się choć odrobinę lepsze.

Bo czasami w życiu wystarczy tylko odrobina życzliwości, by rozświetlić czyjś dzień i uczynić świat trochę piękniejszym miejscem.

A Spoonful of Happiness

Old cowboy Janek had few needs – a horse, a bottle of good whiskey, and the view of the vast prairie. He didn't need much to feel happy. He had worked on the ranch for years, as long as he could remember, and every day spent in the lap of nature was like a spoonful of sweet honey to him. One day, as the sun slowly set in the west, Janek noticed something unusual on his way home. In the field stood a young girl, holding a piece of an old, rusty spoon in her hands. Her face expressed sadness and worry.

Janek stopped his horse and dismounted, approaching the girl. "Hi, what brings you here?"

The girl looked at him with pleading eyes. "I lost my last spoon," she confessed. "It was the last keepsake from my grandmother. I can't believe I lost it."

Janek examined the spoon, which looked old and worn. He knew it must have had immense sentimental value to the girl. Finally, he shook his head and took out a silver spoon from his bag, which he always carried just in case. "Take this," he said, handing her the spoon. "I hope it helps you find a bit of happiness."

The girl looked at him with gratitude in her eyes and smiled. "Thank you, but what about you? Won't you need this spoon?"

Janek smiled and patted his saddle. "I have enough happiness for today. The sight of this wonderful prairie and a bottle of whiskey waiting for me at home is all I need."

The girl smiled even wider and bid farewell to Janek, holding her new spoon with special care.

Janek returned to his cabin, and as the sun set behind the horizon, he poured himself a glass of whiskey and sat on the porch, gazing at the vast prairie.

And as he took the last sip of whiskey, he felt his heart full, because thanks to a small spoon, he could make someone else's life a little better. Because sometimes in life, all it takes is a bit of kindness to brighten someone's day and make the world a slightly more beautiful place.

Najszczęśliwszy pianista w Warszawie

W sercu Warszawy, na tętniącym życiem Placu Zamkowym, mieszkał pewien pianista o imieniu Adam. Był znany w całym mieście z niezwykłego talentu i magicznego dotyku, który potrafił przemienić zwykły fortepian w instrument, który opowiadał najpiękniejsze historie. Adam nie zawsze miał łatwe życie. Jako dziecko stracił rodziców i musiał radzić sobie sam. Ale mimo trudności, zawsze trzymał się marzeń o muzyce i jednego dnia stać się wielkim pianistą.

Pewnego dnia, gdy słońce świeciło na placu, Adam postanowił wyjść na ulicę i zagrać na swoim ukochanym instrumencie dla przechodniów. Zrobił to z miłością i pasją, pragnąc podzielić się swoim talentem i radością z innymi.

Gdy zaczął grać, ludzie zaczęli się zatrzymywać, słuchając jego muzyki z zachwytem. Melodia, którą wydobywał z klawiszy, była pełna emocji i głębokiego przeżycia. Ludzie przystawali, aby posłuchać, a niektórzy nawet zostawiali drobne datki w kapeluszu ustawionym obok fortepianu. Adam grał przez godziny, zupełnie zatracając się w swojej muzyce. Nie liczył pieniędzy ani sławy – dla niego najważniejsze było to, że mógł dzielić się swoim talentem z innymi i sprawić, że ich serca rozbijały się w rytm jego melodii.

Gdy wieczór zbliżał się ku końcowi, a tłum zaczął się rozchodzić, Adam zauważył, że ktoś stał w oddali, wpatrując się w niego ze łzami w oczach. Był to starszy mężczyzna o nazwisku Stanisław, który kiedyś sam był utalentowanym pianistą, ale stracił wiarę w siebie i swoją sztukę.

Stanisław podszedł do Adama, jego oczy pełne emocji. "Dziękuję ci" – powiedział cicho. "Twoja muzyka przypomniała mi, dlaczego kiedyś kochałem grać na fortepianie. Dzięki tobie, znalazłem z powrotem swoją pasję."

Adam uśmiechnął się, dotykając ramienia Stanisława. "To dla mnie zaszczyt, że mogłem ci pomóc odzyskać to, co straciłeś. Pamiętaj, nigdy nie jest za późno, by powrócić do swojej sztuki i odnaleźć szczęście w muzyce."

Gdy noc spadła na miasto, a ulice opustoszały, Adam wiedział, że choć może nie być bogaty ani sławny, to jest najszczęśliwszym pianistą w Warszawie. Bo jego szczęście nie tkwiło w pieniądzach czy sławie, ale w możliwości dzielenia się swoim talentem z innymi i sprawianiu, że ich serca tańczą w rytm jego muzyki.

I tak, na Placu Zamkowym, muzyka Adama wypełniała nocną ciszę, niosąc ze sobą nadzieję, radość i miłość do sztuki. Bo czasami największe bogactwo kryje się w prostych gestach i chwilach dzielenia się z innymi.

The Happiest Pianist in Warsaw

In the heart of Warsaw, on the bustling Castle Square, lived a pianist named Adam. He was known throughout the city for his extraordinary talent and magical touch, which could transform an ordinary piano into an instrument that told the most beautiful stories.

Adam hadn't always had an easy life. As a child, he lost his parents and had to fend for himself. But despite the difficulties, he always held onto dreams of music and one day becoming a great pianist.

One day, as the sun shone on the square, Adam decided to go out onto the street and play his beloved instrument for passersby. He did it with love and passion, wanting to share his talent and joy with others.

As he began to play, people began to stop and listen, marveling at his music. The melody he drew from the keys was full of emotion and deep experience. People stopped to listen, and some even left small donations in the hat placed next to the piano.

Adam played for hours, completely absorbed in his music. He didn't count the money or the fame – for him, the most important thing was that he could share his talent with others and make their hearts beat to the rhythm of his melodies.

As the evening drew to a close and the crowd began to disperse, Adam noticed someone standing in the distance, watching him with tears in his eyes. It was an older man named Stanisław, who had once been a talented pianist himself but had lost faith in himself and his art.

Stanisław approached Adam, his eyes full of emotion. "Thank you," he said softly. "Your music reminded me why I used to love playing the piano. Thanks to you, I've found my passion again."

Adam smiled, touching Stanisław's shoulder. "It's an honor for me to have helped you regain what you lost. Remember, it's never too late to return to your art and find happiness in music."

As night fell over the city and the streets emptied, Adam knew that while he may not be rich or famous, he was the happiest pianist in Warsaw. Because his happiness lay not in money or fame, but in the ability to share his talent with others and make their hearts dance to the rhythm of his music.

And so, on Castle Square, Adam's music filled the nighttime silence, carrying with it hope, joy, and love for art. Because sometimes the greatest wealth lies in simple gestures and moments of sharing with others.

Zapomniane Obietnice

W miasteczku osnutej mgłą, gdzie cienie przeszłości tańczą w świetle księżyca, mieszkał pewien człowiek o imieniu Antoni. Był to człowiek zapatrzony w przeszłość, zatopiony w wspomnieniach dawnych dni, gdy obietnice wydawały się być rzeczywistością, a marzenia były bliżej niż gwiazdy na niebie.

Antoni żył w cieniu dawnych grzechów, które ciążyły na jego sumieniu jak ciężka zasłona. W młodości, wraz z przyjacielem Piotrem, złożył wiele obietnic sobie nawzajem – obietnic o nieskończonych przygodach, miłości i wiecznym przywiązaniu. Ale życie przekreśliło te obietnice, rozdarło serca dwóch przyjaciół i zepchnęło ich na różne drogi.

Teraz, gdy Antoni przemierzał ulice miasteczka, jego kroki brzmiały jak echa minionych lat, gdy marzenia płonęły jak gwiazdy na niebie. Ale teraz, te same ulice były ciche i opustoszałe, a Antoni czuł się jak pustynia w sercu miasta.

Pewnego dnia, gdy światło księżyca przebijało się przez chmury, Antoni spotkał starego przyjaciela Piotra na ulicy. Ich spojrzenia spotkały się w milczeniu, pełne niewypowiedzianych słów i zapomnianych wspomnień.

"Piotr" – odezwał się Antoni, jego głos jak szept wiatru. "Czy pamiętasz nasze obietnice?"

Piotr spojrzał na niego z melancholią w oczach. "Tak, Antoni. Pamiętam każde słowo, jakby to było wczoraj. Ale czy warto wracać do przeszłości, która nas tak skrzywdziła?"

Antoni westchnął, czując ciężar minionych lat na swoich barkach. "Może nie warto, ale jak możemy zapomnieć o tym, co było najważniejsze w naszym życiu?"

Piotr milczał przez chwilę, zanim wreszcie odparł: "Może czas to zmienić, Antoni. Może czas zacząć od nowa i odkryć, czy nasze obietnice nadal mają znaczenie."

Zgoda Antoniego była niema, ale jego serce wciąż tęskniło za przeszłością, za marzeniami, które kiedyś były tak blisko. Wraz z Piotrem, postanowili przemierzyć ulice miasteczka, odkrywając nowe oblicza starych wspomnień.

Wędrując przez labirynt uliczek, Antoni i Piotr odkrywali zapomniane zakamarki miasteczka, gdzie dawne obietnice wciąż płonęły w sercach tych, którzy mieli nadzieję na lepsze jutro. Były to miejsca, gdzie cienie przeszłości tańczyły w świetle księżyca, przypominając o dawnych dniach, gdy życie było pełne nadziei i marzeń.

W miarę jak dni mijały, Antoni i Piotr odkrywali, że chociaż życie przyniosło im wiele trudności i zranień, to ich przyjaźń była wciąż silna jak nigdy wcześniej. Ich obietnice mogły być zapomniane na chwilę, ale wciąż istniały w sercach obu mężczyzn, gotowe rozkwitnąć na nowo.

Na koniec, gdy księżyc znów zniknął za chmurami, Antoni i Piotr usiedli na ławce na placu miasteczka, patrząc w gwiazdy na niebie. Ich serca były pełne nadziei na przyszłość, a ich obietnice, choć może nie były już tak niewinne jak kiedyś, wciąż miały moc zmienić ich życie na lepsze.

Bo czasami to, co najważniejsze, tkwi w obietnicach, które dajemy sobie nawzajem, w marzeniach, które świecą jak gwiazdy na niebie, i w przyjaźniach, które przetrwają najcięższe burze życia.

Forgotten Promises

In the town shrouded in mist, where shadows of the past danced in the moonlight, lived a man named Antoni. He was a man lost in the past, immersed in memories of days gone by when promises seemed to be reality, and dreams were closer than the stars in the sky.

Antoni lived in the shadow of past sins that weighed on his conscience like a heavy curtain. In his youth, along with his friend Piotr, he made many promises to each other – promises of endless adventures, love, and eternal commitment. But life dashed those promises, tore the hearts of two friends apart, and pushed them onto different paths.

Now, as Antoni walked the streets of the town, his steps echoed like echoes of past years when dreams burned like stars in the sky. But now, the same streets were quiet and deserted, and Antoni felt like a desert in the heart of the city.

One day, when the moonlight pierced through the clouds, Antoni met his old friend Piotr on the street. Their gazes met in silence, full of unspoken words and forgotten memories.

"Piotr," Antoni spoke, his voice like a whisper of the wind. "Do you remember our promises?"

Piotr looked at him with melancholy in his eyes. "Yes, Antoni. I remember every word as if it were yesterday. But is it worth revisiting the past that hurt us so much?"

Antoni sighed, feeling the weight of years gone by on his shoulders. "Maybe it's not worth it, but how can we forget what was once most important in our lives?"

Piotr remained silent for a moment before finally replying: "Perhaps it's time to change that, Antoni. Perhaps it's time to start anew and discover whether our promises still hold meaning."

Antoni's consent was silent, but his heart still longed for the past, for the dreams that were once so close. Together with Piotr, they decided to wander the streets of the town, discovering new faces of old memories.

As they wandered through the labyrinth of streets, Antoni and Piotr discovered forgotten corners of the town, where old promises still burned in the hearts of those who hoped for a better tomorrow. These were places where shadows of the past danced in the moonlight, reminding of days gone by when life was full of hope and dreams.

As the days passed, Antoni and Piotr discovered that although life had brought them many hardships and wounds, their friendship was still as strong as ever. Their promises may have been forgotten for a moment, but they still existed in the hearts of both men, ready to bloom anew.

In the end, as the moon disappeared behind the clouds again, Antoni and Piotr sat on a bench in the town square, gazing at the stars in the sky. Their hearts were full of hope for the future, and their promises, though perhaps not as innocent as before, still had the power to change their lives for the better.

For sometimes, what matters most lies in the promises we make to each other, in the dreams that shine like stars in the sky, and in the friendships that withstand the harshest storms of life.

Podróż do Wnętrza Serca

W małej wiosce na obrzeżach lasu mieszkała młoda kobieta o imieniu Anna. Była to marzycielka, której dusza tętniła życiem i która pragnęła odkryć prawdziwe znaczenie swojego istnienia. Anna miała w sobie nieposkromioną potrzebę odkrywania świata i poznawania samej siebie, a jej serce tęskniło za przygodami, które mogłyby ożywić jej monotoniczne życie.

Pewnego dnia, gdy słońce świeciło na niebie, Anna postanowiła wyruszyć w podróż do wnętrza swojego serca. Nie była to podróż fizyczna, ale podróż duchowa, w głąb swoich myśli i uczuć. Zebrała się na spacer po pobliskim lesie, pragnąc znaleźć spokój i zrozumienie wśród drzew i ptaków, które miały być świadkami jej poszukiwań.

Gdy przemierzała ścieżki leśne, Anna zatrzymała się przy starym dębie, który wydawał się emanować tajemniczą siłą. Usiadła pod jego rozłożystymi gałęziami i zamknęła oczy, oddając się medytacji i kontemplacji.

W ciszy lasu, Anna zanurzyła się w swój wewnętrzny świat, eksplorując zakamarki swojego umysłu i serca. Przemierzyła krainy wspomnień, odkrywając skarby i rany swojej przeszłości. Dotarła do głębin swoich marzeń i pragnień, odnajdując w sobie siłę i odwagę do realizacji swoich najskrytszych pragnień.

Gdy słońce zaczęło zachodzić za horyzontem, Anna otworzyła oczy, czując w swoim sercu spokój i radość, które długo jej brakowały. Wiedziała, że podróż do wnętrza jej serca była tylko początkiem nowej drogi, która miała przynieść jej spełnienie i szczęście.

Powróciła do wioski z nową siłą i determinacją, gotowa na nowe wyzwania i przygody, które czekały na nią w przyszłości. Była pewna, że z każdym krokiem naprzód zbliżała się coraz bardziej do odkrycia prawdziwej esencji swojego istnienia i odnalezienia drogi do spełnienia swych najskrytszych marzeń.

Wtedy, gdy gwiazdy pojawiły się na nocnym niebie, Anna spojrzała w górę, czując w sobie wewnętrzny spokój i harmonię z całym wszechświatem. Była gotowa na nowe wyzwania, gotowa na dalszą podróż, która miała prowadzić ją do odkrycia prawdziwego sensu życia i odnalezienia szczęścia w najprostszych rzeczach.

Dla Anny podróż do wnętrza jej serca była drogą do odkrycia prawdziwego znaczenia życia i odnalezienia swojej prawdziwej tożsamości. Była to podróż, która miała przynieść jej spełnienie i szczęście, które zawsze tkwiło w jej własnym sercu, czekając na to, by zostać odkryte i doświadczone.

Journey to the Heart's Depths

In a small village on the outskirts of the forest lived a young woman named Anna. She was a dreamer, whose soul pulsated with life and who longed to discover the true meaning of her existence. Anna had an unrestrained need to explore the world and to know herself, and her heart yearned for adventures that could enliven her monotonous life.

One day, when the sun was shining in the sky, Anna decided to embark on a journey to the depths of her heart. It was not a physical journey, but a spiritual one, into the depths of her thoughts and feelings. She set out for a walk through the nearby forest, seeking peace and understanding among the trees and birds, who were to be witnesses to her quest.

As she wandered the forest paths, Anna stopped by an old oak tree that seemed to emanate a mysterious force. She sat beneath its sprawling branches and closed her eyes, surrendering herself to meditation and contemplation.

In the silence of the forest, Anna delved into her inner world, exploring the recesses of her mind and heart. She traversed realms of memories, uncovering treasures and wounds from her past. She reached the depths of her dreams and desires, finding within herself the strength and courage to pursue her deepest longings.

As the sun began to set behind the horizon, Anna opened her eyes, feeling peace and joy in her heart that had long eluded her. She knew that the journey to the depths of her heart was only the beginning of a new path that would bring her fulfillment and happiness.

She returned to the village with renewed strength and determination, ready for new challenges and adventures that awaited her in the future. She was certain that with each step forward, she was getting closer to discovering the true essence of her existence and finding the path to fulfill her deepest dreams.

As the stars appeared in the night sky, Anna looked up, feeling an inner peace and harmony with the entire universe. She was ready for new challenges, ready for further journey, which would lead her to discover the true meaning of life and finding happiness in the simplest things.

For Anna, the journey to the depths of her heart was the path to discovering the true meaning of life and finding her true identity. It was a journey that would bring her fulfillment and happiness, which had always resided in her own heart, waiting to be discovered and experienced.

Czekając na Promień Słońca

Na wschodnich wybrzeżach Anglii, w malowniczej nadmorskiej wiosce, mieszkała starsza kobieta o imieniu Agnieszka. Jej dom, zbudowany z cegły, stał na skraju klifu, skąd rozciągał się widok na bezkresne morze. Każdego ranka Agnieszka wstawała wcześnie, aby czekać na wschód słońca. Wpatrywała się w horyzont, oczekując na pierwsze promienie, które rozświetlałyby jej życie. Były to chwile pełne nadziei i oczekiwania, kiedy to świat budził się do życia pod mieniącym się niebem.

Jednakże, od pewnego czasu, słońce wydawało się unikać wschodnich wybrzeży, ukrywając się za gęstymi chmurami. Dni stawały się coraz szare i ponure, a Agnieszka tęskniła za blaskiem, który tak bardzo kochała.

Pewnego dnia, gdy deszcz kropił okna i wiatr wiał z pełną siłą, Agnieszka postanowiła wyruszyć na spacer po plaży. Chciała poczuć dotyk fal i wiatru na swojej skórze, pragnąc odnaleźć spokój w szumie morskich fal. Kiedy dotarła na plażę, zobaczyła małego chłopca, który biegał wzdłuż brzegu, próbując złapać mewę. Jego uśmiech był jak promień słońca w szarym dniu, rozświetlając serce Agnieszki. Podszedł do niej z ciekawością w oczach i zapytał, czy chciałaby pomóc mu zbudować zamek z piasku.

Agnieszka nie mogła odmówić tak uroczej prośbie i z uśmiechem zgodziła się. Razem z chłopcem zaczęli lepić zamek z piasku, wkładając w to całe swoje serce i wyobraźnię.

Kiedy zamek z piasku był już gotowy, chłopiec spojrzał na Agnieszkę z uznaniem i powiedział: "Dziękuję za pomoc, Pani. Teraz mamy najpiękniejszy zamek na plaży." Jego słowa dotarły do serca Agnieszki, przypominając jej, że prawdziwe światło nie zawsze pochodzi od słońca na niebie, ale czasem także od ludzi, którzy rozświetlają nasze życie swoją obecnością i miłością.

Wtedy, gdy słońce zaczęło przebijać się przez chmury i promienie słoneczne zaczęły tańczyć na falach morza, Agnieszka poczuła, że znalazła to, czego tak bardzo szukała.

Kiedy wróciła do swojego domu na klifie, serce Agnieszki było pełne wdzięczności i radości.

Od tego dnia Agnieszka przestała czekać na słońce, aby rozświetlić jej życie. Zrozumiała, że prawdziwe światło tkwi w jej własnym sercu i w sercach innych ludzi, którzy otaczają ją miłością i dobrocią. To one są prawdziwym źródłem ciepła i światła, które przynosi nadzieję i radość nawet w najbardziej szarych i ponurych dniach.

Waiting for the Sunbeam

In a small village on the eastern coast of England, in a picturesque seaside village, lived an elderly woman named Agnes. Her house, built of brick, stood on the edge of a cliff, overlooking the vast sea.

Every morning, Agnes would rise early to wait for the sunrise. She gazed at the horizon, awaiting the first rays that would illuminate her life. These were moments filled with hope and expectation, when the world awakened under the shimmering sky.

However, for some time now, the sun seemed to avoid the eastern coast, hiding behind thick clouds. The days became increasingly gray and gloomy, and Agnes longed for the brightness she loved so much.

One day, when the rain pattered against the windows and the wind blew with full force, Agnes decided to take a walk on the beach. She wanted to feel the touch of the waves and the wind on her skin, seeking to find peace in the sound of the sea's waves.

When she reached the beach, she saw a young boy running along the shore, trying to catch a seagull. His smile was like a sunbeam on a gray day, illuminating Agnes's heart. He approached her with curiosity in his eyes and asked if she would help him build a sandcastle.

Agnes could not refuse such a charming request and agreed with a smile. Together with the boy, they began to build a sandcastle, putting all their hearts and imaginations into it.

When the sandcastle was finally ready, the boy looked at Agnes with admiration and said, "Thank you for your help, ma'am. Now we have the most beautiful castle on the beach." His words touched Agnes's heart, reminding her that true light does not always come from the sun in the sky, but sometimes also from people who brighten our lives with their presence and love.

As the sun began to break through the clouds and the sunbeams started to dance on the waves of the sea, Agnes felt that she had found what she had been searching for.

When she returned to her house on the cliff, Agnes's heart was full of gratitude and joy.

From that day on, Agnes stopped waiting for the sun to brighten her life. She realized that true light lies in her own heart and in the hearts of other people who surround her with love and kindness. They are the real source of warmth and light, bringing hope and joy even on the grayest and gloomiest days.

Tęcza

W małej rybackiej wiosce nad brzegiem Morza Północnego mieszkał stary rybak o imieniu Stefan. Jego życie przypominało rytm fal uderzających o brzeg, pełne prostoty i tajemniczej siły oceanu. Stefan był człowiekiem małych słów, ale jego oczy mówiły więcej niż najgłośniejsze opowieści.

Codziennie wyruszał na morze w swojej stary łodzi, zatytułowanej "Słoneczny Wiatr". Towarzyszył mu tylko szum fal i śpiew mew, a czasem delikatne dotknięcie słońca na horyzoncie. Jego życie było tak samo przewidywalne jak zmiany pór roku, ale wciąż skrywało w sobie tajemnicę, która czekała na odkrycie.

Pewnego deszczowego poranka, gdy chmury kłębiły się na niebie, Stefan wyruszył na morze tak jak zawsze. Tego dnia czuł w powietrzu coś niezwykłego, jakby natura szykowała się do wyjątkowego przedstawienia. Przekraczając linę brzegu, w oddali zauważył coś, co przyciągnęło jego uwagę - tęczę, malującą się na niebie między deszczowymi chmurami.

Tęcza wydawała się być mostem między niebem a ziemią, mostem łączącym niebo z morzem i ziemią. Stefan przyglądał się temu pięknemu zjawisku, czując w swoim sercu spokój i zachwyt nad cudem natury. To był moment, który zatrzymał czas, gdy świat wydawał się pełen kolorów i życia.

Po wielu godzinach, gdy słońce zaczęło chylić się ku zachodowi, Stefan poczuł nagłe szarpnięcie w wędce. Serce w jego piersi zabiło mocniej, gdy zaczął walczyć z rybą, która wydawała się być silniejsza niż wszystkie, które wcześniej złowił. Ale Stefan nie dał za wygraną, wierząc, że ta walka to więcej niż tylko łowy - to walka o marzenia i nadzieję.

Po długiej walce, kiedy słońce już niemal dotknęło horyzontu, Stefan wyciągnął z wody olbrzymiego łososia. Jego serce wypełniła radość i spełnienie, gdy uświadomił sobie, że ta chwila była niczym tęcza na niebie - krótkim, ale niezapomnianym momentem piękna i magii.

Wrócił do wioski z dumą w sercu i łososiem na pokładzie. Ludzie z wioski patrzyli na niego z podziwem, widząc w nim nie tylko starego rybaka, ale także człowieka, który wierzył w cuda i potrafił walczyć o swoje marzenia.

Kiedy słońce zachodziło za horyzontem, Stefan stał na brzegu, patrząc na kolorowe niebo nad swoją głową. Był to moment, który na zawsze pozostanie w jego sercu, jak tęcza, która przemknęła przez niebo, pozostawiając po sobie ślad magii i nadziei na lepsze jutro.

The Rainbow

In a small fishing village on the shores of the North Sea lived an old fisherman named Stefan. His life resembled the rhythm of waves crashing against the shore, full of simplicity and the mysterious power of the ocean. Stefan was a man of few words, but his eyes spoke more than the loudest stories.

Every day, he set out to sea in his old boat, named "Sunny Wind". He was accompanied only by the sound of waves and the cries of seagulls, and sometimes the gentle touch of the sun on the horizon. His life was as predictable as the changing seasons, yet it still held a mystery waiting to be discovered.

One rainy morning, when clouds swirled in the sky, Stefan set out to sea as usual. That day, he felt something unusual in the air, as if nature was preparing for a special performance. Crossing the line of the shore, he noticed something that caught his attention in the distance - a rainbow, painting itself in the sky between the rainy clouds.

The rainbow seemed to be a bridge between heaven and earth, a bridge connecting the sky with the sea and the earth. Stefan watched this beautiful phenomenon, feeling peace and awe in his heart at the wonder of nature. It was a moment that stopped time, when the world seemed full of colors and life.

After many hours, as the sun began to set, Stefan felt a sudden tug on his fishing rod. His heart pounded harder as he fought with the fish, which seemed stronger than any he had caught before. But Stefan didn't give up, believing that this fight was more than just a catch - it was a fight for dreams and hope.

After a long struggle, when the sun was almost touching the horizon, Stefan pulled a giant salmon out from the water. His heart filled with joy and fulfillment as he realized that this moment was like the rainbow in the sky - a brief, but unforgettable moment of beauty and magic.

He returned to the village with pride in his heart and the salmon on board. The villagers looked at him with admiration, seeing in him not only an old fisherman, but also a man who believed in miracles and could fight for his dreams.

As the sun set on the horizon, Stefan stood on the shore, looking at the colorful sky above his head. It was a moment that would forever remain in his heart, like the rainbow that streaked across the sky, leaving behind a trace of magic and hope for a better tomorrow.

Przez Szkło

Wydawało się, że świat za szybą miał inny wymiar. Gdy patrzyła przez okno swojego mieszkania na skwierczący chodnik, widziała więcej niż tylko ulicę. Obserwowała życie mijające się na ulicy, jakby była częścią niezwykłego teatru, gdzie każdy przechodzień miał swoją rolę do odegrania.

To okno, choć przynosiło odrobinę światła do jej ciemnego mieszkania, było zarazem jej więzieniem. Tutaj, za tą barierą zimnego szkła, czuła się bezpieczna, ale też odizolowana od reszty świata. Była jak obserwator, który patrzy na życie innych, ale nie bierze w nim udziału.

Jednak pewnego dnia, gdy słońce zza chmur wychyliło się jak nieśmiały gość na przyjęciu, coś zmieniło się w życiu kobiety. Zamiast tylko patrzeć na świat za oknem, postanowiła go doświadczyć. Wystawiła nos poza swoje bezpieczne schronienie i wyruszyła na ulicę, gotowa na coś nowego.

Przechadzka ulicami miasta otworzyła przed nią zupełnie nowy świat. Teraz nie tylko widziała życie na ulicy, ale także czuła je. Słyszała śmiech dzieci biegających po parku, wyczuwała zapach świeżo parzonej kawy unoszący się z małej kawiarni na rogu ulicy, a nawet poczuła na swojej skórze delikatny podmuch wiatru niosący zapach kwiatów z pobliskiego ogrodu.

W tej krótkiej chwili, kiedy wychyliła się zza muru swojego bezpiecznego świata, poczuła, że żyje naprawdę. Była częścią tego wszystkiego, co ją otaczało, i to uczucie sprawiło, że serce jej zabijało szybciej, a uśmiech na jej twarzy był szczerzy.

Gdy wróciła do swojego mieszkania, poczuła, że to już nie to samo miejsce, które opuściła przed chwilą.

Było to jak przebudzenie z długiego snu, jak otwarcie księgi, w której każda strona miała coś nowego do zaoferowania.

A gdy wieczór opadał nad miastem, a światła uliczne zapalały się jedno po drugim, kobieta patrzyła na to wszystko przez swoje okno, ale teraz z zupełnie innym spojrzeniem. Była gotowa na to, co przyniesie kolejny dzień, pełna nadziei i gotowa na życie w pełni.

Through the Glass

It seemed that the world behind the window had a different dimension. As she looked through the window of her apartment at the bustling sidewalk, she saw more than just the street. She observed the passing life on the street as if she were part of an extraordinary theater, where each passerby had a role to play.

This window, although it brought a bit of light into her dark apartment, was also her prison. Here, behind this barrier of cold glass, she felt safe, but also isolated from the rest of the world. She was like an observer, watching the lives of others, but not taking part in it.

However, one day, when the sun peeked out from behind the clouds like a shy guest at a party, something changed in the woman's life. Instead of just watching the world outside the window, she decided to experience it. She stuck her nose out of her safe haven and ventured onto the street, ready for something new.

Walking the streets of the city opened up a whole new world before her. Now she not only saw life on the street but also felt it. She heard the laughter of children running in the park, smelled the scent of freshly brewed coffee wafting from a small café on the corner, and even felt the gentle breeze carrying the scent of flowers from the nearby garden on her skin.

In that brief moment, when she peeked out from behind the wall of her safe world, she felt truly alive. She was part of everything that surrounded her, and that feeling made her heart beat faster and a smile spread across her face.

When she returned to her apartment, she felt that it was no longer the same place she had left just moments ago.

It was like waking up from a long sleep, like opening a book where each page had something new to offer.

And as the evening descended over the city, and the streetlights flickered on one by one, the woman looked at it all through her window, but now with a completely different perspective. She was ready for what the next day would bring, full of hope and ready to live life to the fullest.

28

Na Drogach Pamięci

Był to wieczór, gdy niebo ogniste barwy zamieniało, a słońce znikało gdzieś za horyzontem, pozostawiając za sobą malownicze malowidło nieba. Wśród pól migotały światła wiejskich domów, a wiatr niesiony zapachem ziemi mieszał się z ciepłym powiewem letniego wieczoru.

W małej wiosce, ukrytej wśród zielonych pagórków i złotych pól, mieszkała kobieta o imieniu Anna.

Anna nie była tylko mieszkańcem tej wioski - była jej duszą. Jej dom był otwartym schronieniem dla wszystkich, którzy potrzebowali pomocy czy wsparcia. Jej serce było jak skrzyżowanie dróg, na których spotykali się ludzie z różnych stron, by dzielić się swoimi historiami i doświadczeniami.

Pewnego wieczoru, gdy słońce chyliło się ku zachodowi, a niebo zabarwiało się odcieniami purpury i złota, Anna postanowiła wyruszyć na spacer po okolicznych drogach. Był to czas, gdy świat się uspokajał, a cisza wypełniała przestrzeń, tworząc miejsce do refleksji i wspomnień.

Wędrując ścieżkami, które znała od dziecka, Anna zagłębiała się w świat wspomnień. Przeszłość ożywała przed nią jak strony starej księgi, której zapomniane historie wydawały się znów prawdziwe i żywe. Widziała obrazy dawnych dni, gdy biegła z wiatrem przez pola.

W miarę jak kroczyła, spotykała ludzi, których historie splecione były z jej własną. Z jednymi dzieliła radość spotkania, z innymi dzieliła smutek po straconych czasach. Ale każde spotkanie było dla niej jak kamień milowy na drodze pamięci.

Następnego ranka, gdy słońce powoli wstawało zza horyzontu, Anna usiadła przy starym drewnianym stole i sięgnęła po swoje stare notatki. Były to fragmenty życia, które zebrała na swojej drodze przez lata - wspomnienia, które tkwiły w jej sercu, czekając na moment, gdy znów staną się żywe i ożywią kolejny dzień.

Tak więc Anna kontynuowała swoją podróż przez drogi pamięci, wiedząc, że każdy krok na tej drodze jest ważny, każde spotkanie jest cennym darem, a każde wspomnienie jest skarbem, który kryje się w jej sercu i jest gotów wydostać się na światło dzienne w każdej chwili.

On the Roads of Memory

It was an evening when the sky turned fiery shades, and the sun disappeared somewhere beyond the horizon, leaving behind a picturesque painting of the sky. Amidst the fields, the lights of rural houses flickered, and the wind, carrying the scent of the earth, mingled with the warm breeze of the summer evening.

In a small village, hidden among green hills and golden fields, lived a woman named Anna.

Anna was not just a resident of this village - she was its soul. Her home was an open refuge for all who needed help or support. Her heart was like a crossroads where people from different walks of life met to share their stories and experiences.

One evening, as the sun set and the sky painted itself in shades of purple and gold, Anna decided to take a walk along the nearby roads. It was a time when the world calmed down, and silence filled the space, creating a place for reflection and memories.

As she wandered along the paths she had known since childhood, Anna delved into the world of memories. The past came alive before her like the pages of an old book, whose forgotten stories seemed true and alive again. She saw images of bygone days when she ran with the wind through the fields.

As she walked, she met people whose stories were intertwined with her own. With some, she shared the joy of reunion, with others, she shared the sadness of lost times. But each encounter was like a milestone on the road of memory.

The next morning, as the sun slowly rose above the horizon, Anna sat at the old wooden table and reached for her old notes. They were fragments of life that she had gathered on her journey over the years - memories that lay in her heart, waiting for the moment when they would come alive again and revive another day.

And so Anna continued her journey through the roads of memory, knowing that each step on this road was important, each encounter was a precious gift, and each memory was a treasure hidden in her heart, ready to emerge into the light at any moment.

Tajemniczy sklepik

Była to zwykła, deszczowa niedziela w małym miasteczku, gdzie ulice zatopione były w szarzyźnie chmur, a powietrze pachniało wilgocią. Wśród tej szarości, na skrzyżowaniu ulic, znajdował się mały sklepik z czekoladą, którego nikomu nie udawało się zrozumieć, kto jest jego właścicielem ani skąd pochodzi.

Ludzie mówili, że sklepik ten pojawiał się nagle, jak zaczarowany, gdy tylko ktoś potrzebował czegoś słodkiego w swoim życiu. Nie było stałego godziny otwarcia ani nawet pewności, że zawsze będzie tam stał. Był to sklepik pełen tajemnic, który podsycał wyobraźnię mieszkańców miasteczka.

Pewnego dnia, gdy deszcz lał się z nieba niczym strumienie, do miasteczka przyjechała kobieta o imieniu Agnieszka. Była to kobieta o czarnych włosach, które okalały jej twarz jak spadające kaskady wody, i zielonych oczach, które lśniły jak najcenniejsze klejnoty.

Gdy Agnieszka przemierzała ulice miasteczka, jej wzrok padł na tajemniczy sklepik z czekoladą. Nie wiedziała, co ją do niego przyciągało, ale wiedziała, że musi wejść i zobaczyć, co kryje się za jego drzwiami.

Kiedy tylko przekroczyła próg sklepiku, zapach czekolady oblepił jej nozdrza, a oczy rozbłysły ekscytacją. Wokół niej rozmieszczono półki pełne najróżniejszych słodyczy - od truflowych pralin po karmelowe batony i czekoladowe ptasie mleczko.

Przy ladzie stał starszy pan o kręconych wąsach, który przywitał Agnieszkę serdecznym uśmiechem. "Witaj, droga Pani. Co mogę dla Pani dzisiaj przygotować?" - zapytał grzecznie.

Agnieszka, choć była nieco zaskoczona, odpowiedziała z uśmiechem: "Chciałabym spróbować coś wyjątkowego, coś, czego jeszcze nigdy nie miałam okazji spróbować."

Starszy pan przyjrzał się jej uważnie przez chwilę, po czym sięgnął po niewielką pudełeczko z wykwintną czekoladą. "Proszę spróbować tego" - powiedział, oferując jej pudełko.

Kiedy Agnieszka otworzyła pudełko, zobaczyła w nim małe kuleczki czekoladowe, które świeciły się jak gwiazdy na nocnym niebie. Delikatnie sięgnęła po jedną i wsunęła ją do ust.

Natychmiast poczuła, jak smak czekolady rozpływa się na jej języku, wyzwalając fale rozkoszy i radości. Była to czekolada tak wyjątkowa, że trudno było jej znaleźć słowa, by ją opisać.

Kiedy Agnieszka spojrzała na starszego pana, uśmiechając się szeroko, zauważyła, że jego kręcone wąsy falują w rytmie niewidzialnego wiatru. "To jest naprawdę wyjątkowe!" - wykrzyknęła z entuzjazmem.

Starszy pan uśmiechnął się tajemniczo i powiedział: "Czekolada ma moc, którą trudno opisać słowami. Ale cieszę się, że mogłem podzielić się nią z Panią. Przychodźcie do mnie, kiedy tylko poczujecie potrzebę odrobiny słodkości w życiu."

Kiedy Agnieszka opuszczała tajemniczy sklepik, miała wrażenie, że świat stał się trochę bardziej kolorowy i magiczny.

The Mysterious Sweet Shop

It was an ordinary, rainy Sunday in a small town where the streets were drowned in the grayness of clouds, and the air smelled of dampness. Among this grayness, at the intersection of streets, there was a small chocolate shop that no one could understand who its owner was or where it came from.

People said that this shop would appear suddenly, like enchanted, whenever someone needed something sweet in their life. There were no fixed opening hours, or even certainty that it would always be there. It was a shop full of mysteries, which fueled the imagination of the town's inhabitants.

One day, when the rain poured from the sky like streams, a woman named Agnieszka arrived in the town. She was a woman with black hair cascading around her face like falling waterfalls, and green eyes that sparkled like the most precious gems.

As Agnieszka walked through the town's streets, her gaze fell upon the mysterious chocolate shop. She didn't know what attracted her to it, but she knew she had to enter and see what lay behind its doors.

As soon as she crossed the threshold of the shop, the smell of chocolate enveloped her nostrils, and her eyes sparkled with excitement. Around her were shelves filled with all sorts of sweets - from truffle pralines to caramel bars and chocolate-covered marshmallows.

Behind the counter stood an older gentleman with curly mustaches, who greeted Agnieszka with a warm smile. "Welcome, my dear lady. What can I prepare for you today?" he asked politely.

Although Agnieszka was slightly surprised, she replied with a smile, "I would like to try something special, something I've never had the chance to try before."

The older gentleman looked at her attentively for a moment, then reached for a small box of exquisite chocolate. "Please, try this," he said, offering her the box.

As Agnieszka opened the box, she saw inside it small chocolate balls that shone like stars in the night sky. She delicately picked one up and put it in her mouth.

Immediately, she felt the taste of chocolate melting on her tongue, unleashing waves of pleasure and joy. It was chocolate so exceptional that it was difficult to find words to describe it.

As Agnieszka looked at the older gentleman, smiling broadly, she noticed that his curly mustaches were undulating in the rhythm of an invisible wind. "This is truly exceptional!" she exclaimed with enthusiasm.

The older gentleman smiled mysteriously and said, "Chocolate has a power that is hard to describe in words. But I'm glad I could share it with you. Come to me whenever you feel the need for a bit of sweetness in life."

As Agnieszka left the mysterious sweet shop, she felt that the world had become a bit more colorful and magical.

Tango losu

Była to ciepła letnia noc, gdy gwiazdy świeciły na niebie jak diamenty na czarnej tapecie. W małym kawiarnianym ogródku, gdzie dźwięki tanga unosiły się w powietrzu niczym zapach kawy, spotkali się dwaj ludzie - Magda i Marcin. Ich losy splatały się w niezwykły sposób, jak w tańcu, którego rytmy prowadziły ich przez życie.

Magda była kobietą o jasnych oczach i długich falujących włosach, które opadały na jej ramiona jak złote warkocze. Była to kobieta pełna życia, która kochała taniec i muzykę, a jej serce biło w rytmie tanga.

Marcin z kolei był mężczyzną o spokojnym usposobieniu i głębokich, przemyślanych spojrzeniach. Był to mężczyzna, którego życie zawsze toczyło się w rytmie ciszy i spokoju, a tango było dla niego jak oaza wśród szarości codzienności.

Gdy ich spojrzenia spotkały się na parkiecie, wiedzieli, że ta noc będzie wyjątkowa. Rozpoczęli taniec, a dźwięki bandoneonu niosły ich przez wir emocji i uczuć, jakby tańczyli na skraju czasu, gdzie przeszłość i przyszłość łączyły się w jedną całość.

W miarę jak tańczyli, ich ciała splatały się w harmonijną całość, a ich dusze łączyły się w jedno. Był to taniec pełen namiętności i pożądania, ale także tęsknoty i melancholii, które unosiły się w powietrzu jak mgła nad jeziorem.

Kiedy taniec dobiegł końca, Magda i Marcin zatrzymali się na chwilę, patrząc sobie głęboko w oczy. W tych chwilach ciszy, bez słów, rozumieli się nawzajem lepiej niż przez całe lata rozmów.

Noc minęła szybko, ale wspomnienia pozostały na zawsze.

Tango of Fate

It was a warm summer night when the stars shone in the sky like diamonds on a black tapestry. In a small café garden, where the sounds of tango floated in the air like the scent of coffee, two people met - Magda and Marcin. Their destinies intertwined in an extraordinary way, like in a dance whose rhythms guided them through life.

Magda was a woman with bright eyes and long, flowing hair that cascaded down her shoulders like golden braids. She was a woman full of life, who loved dance and music, and her heart beat to the rhythm of tango.

Marcin, on the other hand, was a man of calm demeanor and deep, thoughtful looks. He was a man whose life always flowed to the rhythm of silence and peace, and tango was for him like an oasis amid the grayness of everyday life.

When their eyes met on the dance floor, they knew that this night would be special. They began to dance, and the sounds of the bandoneon carried them through a whirlwind of emotions and feelings, as if they were dancing on the edge of time, where the past and the future merged into one.

As they danced, their bodies intertwined into a harmonious whole, and their souls merged into one. It was a dance full of passion and desire, but also longing and melancholy, which hung in the air like mist over the lake.

When the dance came to an end, Magda and Marcin paused for a moment, looking deeply into each other's eyes. In those moments of silence, without words, they understood each other better than through years of conversation.

The night passed quickly, but the memories remained forever.

Dzień, który zmienił wszystko

W małym miasteczku o nazwie Małkowice mieszkał starszy mężczyzna o imieniu Jan. Jan prowadził skromną kawiarenkę na rogu głównej ulicy, gdzie codziennie goście gromadzili się, by porozmawiać, wypić kawę i posmakować domowych wypieków Jana.

Był to ciepły lipcowy dzień, gdy Jan postanowił otworzyć kawiarenkę wcześniej niż zwykle. Powietrze było nasycone zapachem kwiatów, a ptaki śpiewały radosne pieśni. Jan wiedział, że coś niezwykłego musi się wydarzyć tego dnia.

Kiedy Jan otworzył drzwi kawiarenki, zauważył młodą kobietę, siedzącą przy stoliku zamyślona w lekturze książki. Jej długie blond włosy opadały swobodnie na ramiona, a twarz emanowała spokojem i skupieniem.

Jan zbliżył się do niej i przywitał się serdecznie. Kobieta uśmiechnęła się do niego i poprosiła o kawę oraz cukiernicze smakołyki, które słynęły z kawiarenki Jana.

Kiedy Jan przyniósł zamówienie, zaczął rozmawiać z kobietą. Okazało się, że nazywała się Karolina i podróżowała po Polsce, zbierając inspiracje do swojej nowej książki.

Jan był zafascynowany opowieściami Karoliny o podróżach i przygodach, jakie przeżyła w trakcie swoich wypraw. Czuł, że ta spotkana przypadkiem kobieta mogła odmienić jego rutynowe życie.

Gdy Karolina opuszczała kawiarenkę, zostawiła Janowi swoją kartę wizytową i obiecała wrócić następnego dnia. Jan czuł, że coś w nim się zmieniło w ciągu zaledwie jednego dnia.

Następnego ranka Jan obudził się z nową energią i zapałem do życia. Z radością przygotowywał pyszne wypieki i aromatyczną kawę, czekając na powrót Karoliny.

Gdy Karolina ponownie pojawiła się w kawiarence, ich rozmowa była jeszcze bardziej pasjonująca. Karolina opowiadała Janowi o swojej pracy pisarskiej i marzeniach, które kierowały jej życiem.

Jan, z kolei, dzielił się z Karoliną swoimi historiami o życiu w Małkowicach i o swoich marzeniach, które kiedyś miał, ale porzucił na rzecz prowadzenia kawiarenki.

Podczas kolejnych dni Jan i Karolina spędzali coraz więcej czasu razem, odkrywając w sobie nawzajem inspiracje i motywacje do działania. Było to dla obojga jak otwarcie nowego rozdziału w życiu.

Gdy nadszedł dzień, w którym Karolina musiała kontynuować swoją podróż, Jan był pełen wdzięczności i nadziei. Było to spotkanie, które odmieniło ich obu na zawsze.

Pożegnali się, obiecując sobie, że nigdy nie zapomną tego magicznego czasu spędzonego razem. Jan wrócił do swojej kawiarenki, ale tym razem z nową pewnością siebie i wiara w to, że nawet najmniejsze spotkania mogą zmienić całe życie.

Gdy słońce zachodziło nad Małkowicami, Jan patrzył w niebo z uśmiechem na ustach. Był gotowy na nowe przygody i wyzwania, jakie czekały na niego w przyszłości.

The Day That Changed Everything

In a small town called Małkowice lived an elderly man named Jan. Jan ran a modest café on the corner of the main street, where guests gathered every day to chat, drink coffee, and taste Jan's homemade pastries.

It was a warm July day when Jan decided to open the café earlier than usual. The air was filled with the scent of flowers, and birds sang joyful songs. Jan knew that something extraordinary must happen that day.

As Jan opened the café door, he noticed a young woman sitting at a table, absorbed in reading a book. Her long blonde hair cascaded freely over her shoulders, and her face radiated peace and concentration.

Jan approached her and greeted her warmly. The woman smiled at him and asked for coffee and the sweet treats that Jan's café was famous for.

As Jan brought the order, he began to talk to the woman. It turned out that her name was Karolina, and she was traveling around Poland, gathering inspiration for her new book.

Jan was fascinated by Karolina's stories of her travels and adventures. He felt that this woman, whom he met by chance, could change his routine life.

When Karolina left the café, she left Jan her business card and promised to come back the next day. Jan felt that something had changed within him in just one day.

The next morning, Jan woke up with new energy and enthusiasm for life. He joyfully prepared delicious pastries and aromatic coffee, waiting for Karolina's return.

When Karolina appeared in the café again, their conversation was even more exciting. Karolina told Jan about her writing work and the dreams that guided her life.

Jan, in turn, shared with Karolina his stories about life in Małkowice and his dreams that he once had but abandoned in favor of running the café.

During the following days, Jan and Karolina spent more and more time together, discovering mutual inspirations and motivations for action. It was like opening a new chapter in both of their lives.

When the day came for Karolina to continue her journey, Jan was full of gratitude and hope. It was a meeting that changed both of them forever. They said goodbye, promising each other that they would never forget this magical time spent together. Jan returned to his café, but this time with new self-assurance and belief that even the smallest encounters can change lives.

As the sun set over Małkowice, Jan looked up at the sky with a smile on his face. He was ready for new adventures and challenges that awaited him in the future.

Księżycowa Melodia

Była to noc pełna tajemnic, gdy księżyc wisiał na niebie jak srebrna tarcza, oświetlając drogę wędrowcom i marzycielom. W odległej wiosce na skraju lasu mieszkała kobieta o imieniu Zofia. Była to kobieta pełna mądrości i tajemnicy, której oczy lśniły jak gwiazdy na nocnym niebie.

Zofia była znana w całej okolicy ze swoich magicznych umiejętności. Ludzie zwracali się do niej w poszukiwaniu rad i przepowiedni, a ona zawsze służyła im swoją pomocą, korzystając z darów, które natura jej podarowała.

Pewnej nocy, gdy księżyc świecił najjaśniej, do domu Zofii zapukał młody mężczyzna o imieniu Mateusz. Był to mężczyzna o zagubionym wyrazie twarzy i smutnych oczach, który szukał pomocy u starej wróżki.

"Proszę cię, Zofio, pomóż mi znaleźć drogę do szczęścia" - powiedział Mateusz, spuszczając głowę w znak pokory.

Zofia spojrzała na niego z wyrazem współczucia i podniosła go na nogi. "Przyszedłeś we właściwym czasie, mój drogi" - powiedziała, prowadząc go do swojego skromnego domu.

Wnętrze domu Zofii było pełne tajemniczych przedmiotów i zapachów ziół. W rogu stała stara fortepian, na którym siedziała wiele historii i wspomnień. Zofia usadziła Mateusza przy stole i zaczęła snuć opowieść o magii i życiu.

"Każdy z nas nosi w sobie tajemnicę, której czasem nie potrafimy odkryć" - mówiła Zofia, patrząc w dal. "Ale kluczem do szczęścia jest odnalezienie tej tajemnicy i przyjęcie jej z pokorą i otwartym sercem."

Mateusz słuchał uważnie, jak Zofia opowiadała o życiu i magii, która otaczała ich świat. Była to opowieść o miłości i stracie, nadziei i odwadze, która poruszała serca i dusze ludzi od wieków.

Kiedy Zofia skończyła swoją opowieść, nadszedł czas na działanie. Wzięła Mateusza za rękę i poprowadziła go do fortepianu. "Muzyka ma moc uzdrawiania duszy" - powiedziała, siadając przy klawiaturze.

Razem zaczęli grać, a dźwięki fortepianu wypełniły przestrzeń domu, jak fala oczyszczenia. Była to muzyka pełna emocji i uczuć, która wibrowała w powietrzu jak wiersz miłości.

Kiedy ostatnie dźwięki wybrzmiały, Mateusz poczuł, jak coś w jego wnętrzu się rozluźnia. Był to moment przebudzenia, gdy zrozumiał, że szczęście nie jest czymś, czego można szukać na zewnątrz, ale czymś, co tkwi w głębi jego własnej duszy.

Zofia uśmiechnęła się ciepło, widząc zmianę w wyrazie twarzy młodego mężczyzny. "Czasem musimy zatrzymać się na chwilę i posłuchać tych cichych głosów w naszym wnętrzu" - powiedziała. "To one prowadzą nas na drogę do prawdziwego szczęścia."

Gdy Mateusz opuszczał dom Zofii, czuł się lekki jak piórko, jakby ciężar całego świata spadł mu z barków. Była to chwila przebudzenia, gdy zrozumiał, że kluczem do szczęścia jest zaakceptowanie siebie i swojego życia z wszystkimi jego tajemnicami i wyzwaniami.

I tak, pod blaskiem księżyca, Zofia i Mateusz oddali się snom, wiedząc, że każdy nowy dzień przynosi nowe możliwości odkrycia tajemnic życia i miłości.

Moonlit Melody

It was a night full of mysteries, with the moon hanging in the sky like a silver shield, illuminating the path for wanderers and dreamers alike. In a distant village on the edge of the forest lived a woman named Zofia. She was a woman full of wisdom and mystery, whose eyes sparkled like stars in the night sky.

Zofia was known throughout the area for her magical abilities. People turned to her for advice and prophecies, and she always offered them her help, using the gifts that nature had bestowed upon her.

One night, when the moon shone brightest, a young man named Mateusz knocked on Zofia's door. He was a man with a lost expression on his face and sad eyes, seeking help from the old fortune teller.

"Please, Zofia, help me find the path to happiness," Mateusz said, lowering his head in humility.

Zofia looked at him with an expression of compassion and lifted him up. "You've come at the right time, my dear," she said, leading him into her humble home.

The interior of Zofia's home was filled with mysterious objects and the scents of herbs. In the corner stood an old piano, on which many stories and memories resided. Zofia seated Mateusz at the table and began to weave a tale of magic and life.

"Each of us carries a secret within us, sometimes unable to uncover it," Zofia said, gazing into the distance. "But the key to happiness is finding that secret and accepting it with humility and an open heart."

Mateusz listened attentively as Zofia spoke of life and the magic that surrounded their world. It was a tale of love and loss, hope and courage, which touched the hearts and souls of people for centuries.

When Zofia finished her story, it was time for action. She took Mateusz by the hand and led him to the piano. "Music has the power to heal the soul," she said, sitting down at the keyboard.

Together they began to play, and the sounds of the piano filled the space of the house like a wave of purification. It was music full of emotions and feelings, vibrating in the air like a love poem.

When the last notes faded away, Mateusz felt something inside him relax. It was a moment of awakening, as he realized that happiness was not something to be sought outside, but something that lay deep within his own soul.

Zofia smiled warmly, seeing the change in the young man's expression. "Sometimes we need to stop for a moment and listen to those quiet voices within us," she said. "They lead us on the path to true happiness."

As Mateusz left Zofia's home, he felt as light as a feather, as if the weight of the whole world had been lifted from his shoulders. It was a moment of awakening, as he understood that the key to happiness lay in accepting himself and his life with all its mysteries and challenges.

And so, under the moonlight, Zofia and Mateusz surrendered to dreams, knowing that each new day brings new opportunities to uncover the mysteries of life and love.

Pod Niebem Paryża

W miasteczku na obrzeżach Paryża, gdzie życie toczyło się spokojnym rytmem, mieszkał stary księgarz o imieniu Pierre. Jego księgarnia była małym azylem dla tych, którzy szukali ukojenia w światku literatury.

Pierre był człowiekiem o złotym sercu i melancholijnym spojrzeniu. Spędzał dni w otoczeniu starych książek, które ukrywały w sobie tajemnice i historie minionych czasów.

Pewnego dnia do księgarni przybyła młoda kobieta o imieniu Elżbieta. Jej oczy świeciły się żądzą poznania tajemnic przeszłości, a serce tęskniło za przygodą i emocjami.

Kiedy Elżbieta przekroczyła próg księgarni, czuła, że znalazła się w magicznym miejscu, gdzie czas staje w miejscu, a każda strona książki kryje w sobie nową historię.

Pierre, widząc iskrę w oczach Elżbiety, postanowił podzielić się z nią jedną ze swoich największych tajemnic. Wyciągnął stary zeszycik, którego strony były wypełnione zapiskami i rysunkami.

To był zeszycik, w którym Pierre spisywał swoje marzenia i pragnienia, które kryły się w sercu od lat. Były to marzenia o miłości, o wolności i o spełnieniu najskrytszych pragnień.

Elżbieta, wzruszona gestem starca, usiadła przy stoliku obok niego i zaczęła czytać zapiski. Były to słowa pełne pasji i tęsknoty, które wibrowały w powietrzu jak niewypowiedziane pragnienia.

Gdy wieczór zaczął zapadać nad Paryżem, Elżbieta i Pierre zatopili się w opowieściach o miłości i życiu. Był to wieczór pełen magii i czarów, które tylko Paryż potrafił stworzyć.

Kiedy w końcu nadszedł czas pożegnania, Elżbieta spojrzała na Pierre'a z wdzięcznością w sercu. Była pewna, że spotkanie z nim zmieniło jej życie na zawsze.

Gdy opuszczała księgarnię, z trudem powstrzymywała łzy wzruszenia. W sercu czuła, że właśnie odnalazła swoje miejsce na ziemi, gdzie mogła spełnić swoje największe marzenia.

Pierre, patrząc na odchodzącą Elżbietę, uśmiechnął się do niej ciepło. Wiedział, że choć czasem życie bywa trudne i pełne tajemnic, to warto wierzyć w siłę marzeń i miłości, które prowadzą nas przez życie jak gwiazdy na nocnym niebie.

Kiedy noc spadła na miasto, a uliczne latarnie zaczęły świecić jak gwiazdy, księgarnia Piotra tonęła w ciszy i spokoju. Była to cisza pełna nadziei i oczekiwania, która miała w sobie siłę, by przenikać serca i dusze wszystkich, którzy odważyli się wejść przez jej progi.

Under the Parisian Sky

In a small town on the outskirts of Paris, where life flowed with a gentle rhythm, lived an old bookseller named Pierre. His bookstore was a small haven for those seeking solace in the world of literature.

Pierre was a man with a golden heart and a melancholic gaze. He spent his days surrounded by old books, which hid secrets and stories of bygone times.

One day, a young woman named Elizabeth came to the bookstore. Her eyes shone with a desire to uncover the mysteries of the past, and her heart longed for adventure and emotions.

As Elizabeth crossed the threshold of the bookstore, she felt she had entered a magical place where time stood still, and every page of a book held a new story.

Seeing the spark in Elizabeth's eyes, Pierre decided to share one of his greatest secrets with her. He pulled out an old notebook, its pages filled with notes and drawings.

It was a notebook in which Pierre had recorded his dreams and desires that had been hidden in his heart for years. They were dreams of love, of freedom, and of fulfilling his deepest desires.

Moved by the old man's gesture, Elizabeth sat down at the table next to him and began to read the notes. They were words full of passion and longing, vibrating in the air like unspoken desires.

As the evening fell over Paris, Elizabeth and Pierre immersed themselves in stories of love and life. It was an evening full of magic and charms that only Paris could create.

When the time finally came to say goodbye, Elizabeth looked at Pierre with gratitude in her heart. She was certain that meeting him had changed her life forever.

As she left the bookstore, she struggled to hold back tears of emotion. In her heart, she felt that she had found her place in the world, where she could fulfill her greatest dreams.

Pierre, watching Elizabeth leave, smiled warmly at her. He knew that although life could sometimes be difficult and full of mysteries, it was worth believing in the power of dreams and love that guided us through life like stars in the night sky.

As night fell over the city, and the street lamps began to shine like stars, Pierre's bookstore was enveloped in silence and peace. It was a silence full of hope and expectation, which had the power to penetrate the hearts and souls of all who dared to enter its doors.

Nocne Spotkanie

Na brzegu malowniczej rzeki, otoczonej bujnym lasem, znajdowała się mała karczma o nazwie "Pod Sosnami". Była to ulubiona miejscówka dla podróżnych zmęczonych podróżą, którzy szukali schronienia na noc i chwili odpoczynku.

Gospodarzem karczmy był starszy pan o imieniu Stanisław. Był to człowiek o łagodnym usposobieniu, zawsze gotowy do wysłuchania cudzych opowieści i podzielenia się własnymi doświadczeniami. Jego karczma słynęła z domowej kuchni i przytulnej atmosfery.

Pewnej nocy, gdy gwiazdy błyszczały na niebie jak diamenty, do "Pod Sosnami" przybył tajemniczy podróżnik o imieniu Andrzej. Był to mężczyzna o spokojnym spojrzeniu i powściągliwych gestach, który szukał schronienia na noc po długiej drodze.

Stanisław przyjął go serdecznie i zaprosił do karczmy. Gdy Andrzej usiadł przy drewnianym stole, czuł, że wreszcie znalazł spokój po wielu tygodniach wędrówki przez bezkresne lasy i pola.

Podczas kolacji Andrzej zaczął opowiadać Stanisławowi o swoich podróżach i przygodach, jakie przeżył w trakcie swoich wędrówek. Były to historie o spotkaniach z dzikimi zwierzętami, nocnych przygodach podczas burz i momentach zadumy pod gwiazdnym niebem.

Stanisław słuchał z zainteresowaniem, wyczuwając w opowieściach Andrzeja nutę tajemnicy i niezwykłości. Czuł, że ten mężczyzna ma za sobą wiele niezwykłych doświadczeń i tajemniczych historii, którymi chciałby się podzielić.

Gdy noc zagłębiała się coraz bardziej w ciszę i spokój, Stanisław zaproponował Andrzejowi, by spędził noc w karczmie. Mężczyzna zgodził się z wdzięcznością, czując, że znalazł bezpieczne schronienie na noc.

Kiedy wszystkie światła w karczmie zgasły, a tylko płomienie ogniska tliły się cicho w kącie, Stanisław i Andrzej zasiedli przy stole, by kontynuować rozmowę.

W miarę jak godziny mijały, opowieści zaczęły płynąć swobodniej, a tajemnice zaczęły ukazywać się z każdym słowem. Andrzej opowiadał o swojej samotnej podróży przez nieznane ziemie, o tęsknocie za domem i o poszukiwaniu prawdy o sobie samym.

Stanisław, z kolei, dzielił się swoimi refleksjami na temat życia i miłości, o trudnych chwilach i o chwilach szczęścia, które napotykał na swojej własnej drodze.

Gdy zegar oznajmił północną godzinę, Stanisław zaproponował Andrzejowi, by wspólnie wyszli na spacer nad brzeg rzeki. Była to chwila, w której czas wydawał się zatrzymać, a świat wokół zamarł w oczekiwaniu na coś niezwykłego.

Gdy Stanisław i Andrzej stali na brzegu rzeki, patrząc w milczącą ciemność, poczuli, że są połączeni nie tylko wspólnym miejscem, ale także wspólnymi doświadczeniami i tajemnicami, które trzymały ich razem.

W ciszy nocy, nad brzegiem rzeki, Stanisław i Andrzej odnaleźli w sobie nawzajem to, czego szukali: spokoju, zrozumienia i akceptacji.

Night Encounter

On the banks of a picturesque river, surrounded by lush forest, stood a small inn named "Under the Pines." It was a favorite spot for weary travelers seeking refuge for the night and a moment of rest.

The host of the inn was an elderly man named Stanisław. He was a man of gentle disposition, always ready to listen to others' stories and share his own experiences. His inn was renowned for its home-cooked meals and cozy atmosphere.

One night, when the stars shone brightly in the sky like diamonds, a mysterious traveler named Andrzej arrived at "Under the Pines." He was a man of calm demeanor and reserved gestures, seeking shelter for the night after a long journey.

Stanisław welcomed him warmly and invited him into the inn. As Andrzej sat at the wooden table, he felt that he had finally found peace after many weeks of wandering through endless forests and fields.

During dinner, Andrzej began to tell Stanisław about his travels and adventures he had experienced during his wanderings. They were stories of encounters with wild animals, nighttime adventures during storms, and moments of contemplation under the starry sky.

Stanisław listened with interest, sensing in Andrzej's stories a hint of mystery and uniqueness. He felt that this man had many extraordinary experiences and mysterious stories to share.

As the night deepened into silence and tranquility, Stanisław suggested to Andrzej that he spend the night at the inn. Gratefully, Andrzej agreed, feeling that he had found a safe haven for the night.

As all the lights in the inn dimmed, and only the flames of the fireplace glowed softly in the corner, Stanisław and Andrzej sat at the table to continue their conversation.

As the hours passed, the stories flowed more freely, and secrets began to reveal themselves with each word. Andrzej spoke of his solitary journey through unknown lands, of longing for home, and of searching for the truth about himself.

Stanisław, in turn, shared his reflections on life and love, of difficult moments and moments of happiness that he encountered on his own path.

When the clock struck midnight, Stanisław suggested to Andrzej that they take a walk along the riverbank. It was a moment when time seemed to stand still, and the world around them froze in anticipation of something extraordinary.

As Stanisław and Andrzej stood on the riverbank, gazing into the silent darkness, they felt connected not only by the shared place but also by shared experiences and mysteries that held them together.

In the silence of the night, by the riverbank, Stanisław and Andrzej found in each other what they were looking for: peace, understanding, and acceptance.

Przygoda z Niesamowitą Maszyną do Prania

Na uboczu małego miasteczka, w domu na końcu uliczki, mieszkał pan Janek. Był to człowiek o wyjątkowo bujnej wyobraźni i skłonności do niesamowitych pomysłów. Jego najnowszy wynalazek - Maszyna do Prania 2000 - budziła zainteresowanie i śmiech całej okolicy.

Maszyna do Prania 2000, jak nazwa wskazywała, miała być najnowocześniejszym wynalazkiem w dziedzinie prania od czasów wynalezienia pralki elektrycznej. Pan Janek był przekonany, że jego maszyna zrewolucjonizuje świat domowego sprzątania.

Pewnego poranka, gdy słońce świeciło na niebie, a ptaki śpiewały radosne piosenki, pan Janek postanowił przetestować swoją maszynę w praktyce. Wzywając sąsiadów i przyjaciół, zorganizował wielkie otwarcie Maszyny do Prania 2000.

Gdy pierwsza partia brudnych ubrań została wrzucona do maszyny, wszyscy trzymali kciuki i wzdychali z ekscytacją. Pan Janek nacisnął magiczny przycisk, a Maszyna do Prania 2000 zaskoczyła wszystkich swoim pierwszym ruchem.

Ale wtedy stało się coś niespodziewanego. Zamiast zwykłego szumu prania, z maszyny dobiegły dźwięki... muzyki? Wszyscy zamarli z niedowierzaniem, gdy z Maszyny do Prania 2000 zaczęły wydobywać się dźwięki melodyjnej melodii.

Pan Janek, nie wiedząc, co się dzieje, szybko wyłączył maszynę, ale dźwięki nie ustawały. W końcu, gdy wszyscy patrzyli w zakłopotaniu na siebie, z maszyny wysunęła się mała postać - to był mały, śpiewający robocik.

Okazało się, że Maszyna do Prania 2000 była wyjątkowo kreatywną maszyną. Zamiast zwykłego prania, potrafiła przetwarzać brudne ubrania w muzykę i tańce. Była to zupełnie inna forma sprzątania!

Sąsiedzi i przyjaciele pana Janka byli zachwyceni nowym odkryciem. Przez kilka godzin bawili się przy dźwiękach wydobywających się z Maszyny do Prania 2000, tańcząc i śpiewając jak w najlepszym klubie muzycznym.

Ale jak to bywa z niesamowitymi wynalazkami, pojawiły się też problemy. Maszyna do Prania 2000 okazała się nieco zbyt kreatywna i zaczęła interpretować ubrania w coraz dziwniejsze formy muzyczne.

Brudne skarpetki zamieniały się w chaotyczne beatboxowe rytmiki, a spodnie w bluesowe ballady. Nawet para skarpetek z dziurami otrzymała swój własny rockowy hymn.

Pan Janek był zaniepokojony tymi nieoczekiwanymi efektami swojego wynalazku. Zamiast pomagać ludziom w praniu, Maszyna do Prania 2000 przekształcała ich ubrania w muzyczne dzieła sztuki.

W końcu, gdy mieszkańcy miasteczka zaczęli narzekać na brak czystych ubrań do noszenia, pan Janek postanowił zatrzymać Maszynę do Prania 2000 i zastąpić ją zwykłą pralką.

Ale choć Maszyna do Prania 2000 była nietypowym wynalazkiem, wszyscy zapamiętali tę przygodę jako wspaniałą zabawę i dowcipne wspomnienie. A pan Janek, mimo niepowodzenia, nie stracił wiary w swoją wyjątkową wyobraźnię i dalsze eksperymenty.

The Adventure with the Amazing Washing Machine

In a corner of a small town, at the end of a street, lived Mr. Janek. He was a man with an exceptionally vivid imagination and a tendency for extraordinary ideas. His latest invention - the Washing Machine 2000 - caught the interest and laughter of the whole neighborhood.

The Washing Machine 2000, as the name suggested, was supposed to be the most advanced invention in the field of laundry since the invention of the electric washing machine. Mr. Janek was convinced that his machine would revolutionize the world of household cleaning.

One morning, when the sun was shining in the sky and the birds were singing joyful songs, Mr. Janek decided to test his machine in practice. Summoning neighbors and friends, he organized a grand opening of the Washing Machine 2000.

As the first batch of dirty clothes was thrown into the machine, everyone held their breath and sighed with excitement. Mr. Janek pressed the magic button, and the Washing Machine 2000 surprised everyone with its first movement.

But then something unexpected happened. Instead of the usual sound of washing, the machine emitted... music? Everyone froze in disbelief as melodious tunes started emanating from the Washing Machine 2000.

Mr. Janek, unsure of what was happening, quickly turned off the machine, but the sounds didn't stop. Eventually, as everyone looked at each other in confusion, a small figure emerged from the machine - it was a little singing robot.

It turned out that the Washing Machine 2000 was an exceptionally creative machine. Instead of ordinary washing, it could transform dirty clothes into music and dances. It was a completely different form of cleaning!

Mr. Janek's neighbors and friends were thrilled with the new discovery. For hours, they danced and sang to the sounds emanating from the Washing Machine 2000, as if they were in the best music club.

But as is often the case with extraordinary inventions, problems also arose. The Washing Machine 2000 proved to be a bit too creative and started interpreting clothes into increasingly bizarre musical forms.

Dirty socks turned into chaotic beatbox rhythms, and pants into blues ballads. Even a pair of socks with holes got their own rock anthem.

Mr. Janek was concerned about these unexpected effects of his invention. Instead of helping people with their laundry, the Washing Machine 2000 was turning their clothes into musical works of art.

Finally, when the townspeople started complaining about the lack of clean clothes to wear, Mr. Janek decided to stop the Washing Machine 2000 and replace it with a regular washing machine.

But although the Washing Machine 2000 was an unusual invention, everyone remembered this adventure as a wonderful fun and humorous memory. And Mr. Janek, despite the failure, did not lose faith in his exceptional imagination and further experiments.